Commentaire

Par François Salmeron

Pensées

Pascal

LePetitPhilosophe.fr

PASCAL											1

LES PENSÉES										3

MISE EN CONTEXTE									4

L'établissement du texte des *Pensées*
Les manuscrits des *Pensées*
Les principales éditions des *Pensées*
Les *Pensées*, genèse du projet apologétique de Pascal

EXPLICATION ET ANALYSE DU TEXTE						11

Le point de départ des *Pensées*
La condition humaine
La vraie religion

CONCLUSION										22

POUR ALLER PLUS LOIN								24

PASCAL

- **Né en 1623 à Clermont-Ferrand**
- **Décédé en 1662 à Paris**
- **Quelques-unes de ses œuvres :**
    - *Les Provinciales* (1657), recueil de lettres
    - *De l'esprit géométrique et de l'art de persuader* (1658), essai
    - *Pensées* (1670), essai

Né en 1623 à Clermont-Ferrand, Blaise Pascal perd sa mère à l'âge de trois ans. En 1631, sa famille s'installe à Paris et c'est son père, juriste et mathématicien, qui assure son éducation.

Considéré comme un esprit génial et précoce, Pascal se passionne très tôt pour la géométrie et compose en 1640 un *Essai sur les coniques*. En 1642, il met au point l'une des premières machines arithmétiques et poursuit ses découvertes en physique en établissant l'existence du vide en 1647. Dans le domaine mathématique enfin, Pascal est l'un des fondateurs du calcul des probabilités. Il participe ainsi grandement aux progrès scientifiques que connait l'Europe au cours du XVIIe siècle.

Le 23 novembre 1654, un évènement mystique marque un tournant décisif dans la vie de Pascal : il prétend avoir dialogué avec Dieu lors de « la nuit du Mémorial ». Désormais, Pascal s'attachera à défendre la religion chrétienne, notamment à travers la publication des *Provinciales* (1657). L'année suivante, il expose à l'abbaye de Port-Royal le plan d'un ouvrage d'apologétique qu'il ne pourra terminer, les *Pensées* : il meurt à seulement trente-neuf ans d'un cancer de l'estomac.

LES PENSÉES

UN MONUMENT DE LA LITTÉRATURE FRANÇAISE

À partir de 1657, Pascal consacre son temps libre à la rédaction d'une apologie de la religion chrétienne. Cette œuvre reste cependant inachevée à sa mort, en 1662. Sa famille hérite alors d'un amas considérable de notes et de textes qui devaient constituer la matière de l'ouvrage. Cet ensemble bigarré fort difficile à déchiffrer et à organiser sera néanmoins publié sous le titre de *Pensées*. Ainsi, une première édition du livre voit le jour en janvier 1670, sous la direction de Gilberte Pascal, sœur du philosophe, et d'Étienne Périer, neveu de celui-ci.

Malgré leur inachèvement, les *Pensées* suscitent dès leur première parution l'admiration des littérateurs. Rédigés dans un style admirable, ces textes et aphorismes témoignent sans conteste de la grandeur d'esprit de leur auteur. Tout d'abord, Pascal y livre un remarquable portrait de la condition humaine. Tantôt pessimistes, tantôt élogieuses, ses considérations sur l'homme connaissent aujourd'hui encore un grand succès. Enfin, les questions théologiques qu'il soulève n'ont cessé de provoquer de vives polémiques, notamment entre croyants et athées. Les *Pensées* constituent désormais un classique de la littérature française.

MISE EN CONTEXTE

L'ÉTABLISSEMENT DU TEXTE DES *PENSÉES*

La question de l'établissement du texte des *Pensées* est la première difficulté que l'on rencontre concernant l'œuvre de Pascal. En effet, **les textes et fragments édités sous le titre de *Pensées* ne sont que des notes et des brouillons préparatoires à la grande apologie que le philosophe se destinait à écrire**. Les *Pensées* ne constituent donc pas à proprement parler une œuvre posthume, puisque nous ne sommes pas en présence d'un ouvrage achevé.

Les *Pensées* apparaissent ainsi comme un texte éminemment problématique pour qui veut en proposer une édition : l'enjeu est d'essayer de **présenter de façon cohérente un ensemble disparate d'écrits** que Pascal avait certes regroupés en différentes liasses, mais auxquels il n'avait pas encore donné de véritable ordre. Le problème est dès lors de savoir si l'on peut **déceler un plan ou une esquisse de plan dans les écrits mêmes de Pascal**, ou si l'on est condamné à présenter ses textes dans le désordre relatif dans lequel il les a laissés.

LES MANUSCRITS DES *PENSÉES*

Trois sources principales nous permettent de connaitre le texte des *Pensées*.

Le recueil original a été établi vers 1710 par Louis Périer, neveu de Pascal. Celui-ci a collé sur de grandes feuilles en papier les brouillons de texte rédigés de la main du philosophe. Le tout a été déposé à la bibliothèque de Saint-Germain-des-Prés. Néanmoins, cette version ne présente pas les textes dans l'ordre dans lequel Pascal les avait conservés.

Heureusement, nous disposons de deux autres sources qui reprennent l'ordre original des fragments. Étienne Périer rapporte à ce sujet, dans la préface de l'édition de 1670, que « [la] première chose que l'on fit fut de [...] faire copier [les fragments] tels qu'ils étaient, et dans la même confusion qu'on les avait trouvés. » Il existe ainsi deux copies des textes de Pascal conservées à la Bibliothèque nationale de France.

La première copie est composée de trois parties : les liasses classées en vingt-sept chapitres suivant une table des matières établie par Pascal ; des fragments non classés découpés en séries ; et trois séries intitulées « Miracles ».

La seconde copie est problématique, car elle ne correspond pas à la première. On y retrouve les vingt-sept liasses et les séries sur les miracles, mais ces manuscrits comportent des informations supplémentaires. En fait, on pense qu'il s'agit d'une copie commandée par Gilberte Pascal pour son usage personnel.

LES PRINCIPALES ÉDITIONS DES *PENSÉES*

Sans tomber dans des débats trop pointus réservés aux érudits, il convient toutefois de rendre compte des principales éditions des *Pensées*.

L'édition de Port-Royal (1670) est la toute première édition des Pensées établie par la famille de Pascal. Au départ, cette édition voulait présenter les textes dans l'ordre dans lequel on les avait trouvés. Cependant, cette idée fut vite abandonnée car l'ordre original fut jugé trop confus. L'édition de Port-Royal propose donc **les pensées les plus claires et les plus achevées, dans un ordre qui permet de les lier logiquement**. Elle fait l'impasse sur quelques textes portant sur la religion, que la famille de Pascal estimait trop polémiques pour être publiés.

L'édition de **Louis Lafuma (1951)**, qui sert encore de référence aujourd'hui, adopte le principe suivant : « Une édition des *Pensées* doit respecter l'état des papiers laissés par Pascal tel qu'il nous est transmis par la Copie 9203, en mettant à la suite les textes connus par ailleurs. » (Préface aux *Pensées*, Paris, Seuil, 1963) Cette édition suit donc **l'ordre de la première copie des *Pensées*** en y ajoutant toutefois des **fragments inédits** découverts par Lafuma au cours de ses investigations.

L'édition de **Michel Le Guern (1977)** s'en remet également à la première copie des *Pensées* (copie qui sert d'ailleurs de base dans la plupart des maisons d'édition aujourd'hui). Toutefois, Le Guern fait état d'un certain scepticisme dans l'établissement du texte, puisqu'il pense **que tout plan des *Pensées* n'en demeure pas moins arbitraire** :

> La tentation est grande de vouloir réunir tous les fragments des Pensées en un système logique, en une construction achevée, mais c'est un puzzle impossible, que seul le recours constant à l'arbitraire permettrait d'assembler. [...] Les

> tentatives n'ont pas manqué pour trouver cet ordre, mais
> l'extrême variété des résultats obtenus et leur fragilité
> montrent que c'est là une tâche pratiquement impossible.
> Même lorsque cette reconstitution a pour point de départ
> une base objective, l'arbitraire prend toujours le dessus.
> (*Notice aux Pensées*, Paris, Gallimard, 2004)

Malgré ces querelles d'interprétation parmi les éditeurs, et la difficulté à trouver un ordre définitif aux fragments, il faut souligner que **les *Pensées* demeurent un texte relativement cohérent**. Même si aucune édition ne peut tenir lieu de référence absolue, **les écrits de Pascal, rassemblés sous ce titre, jouissent d'une certaine unité et pointent un objectif bien particulier**.

LES *PENSÉES*, GENÈSE DU PROJET APOLOGÉTIQUE DE PASCAL

Les destinataires des *Pensées*

Suite à la nuit du Mémorial qui marque ce que Pascal appelle sa « seconde conversion » au christianisme, le philosophe s'engage dans les controverses théologiques de son époque. Il publie *Les Provinciales* en 1657 puis s'attèle à la composition d'une apologie de la religion chrétienne, dont les *Pensées* sont les notes préparatoires. Par là, **Pascal aspire à justifier le bienfondé du Nouveau Testament et à faire l'éloge de Jésus-Christ**.

En premier lieu, les *Pensées* ont une tâche essentielle : **amener les hommes à « chercher Dieu »** (§ 3).

Pascal estime qu'il existe trois catégories d'hommes :

- ceux qui ont cherché et trouvé Dieu ;
- ceux qui cherchent Dieu mais ne l'ont pas trouvé ;
- ceux qui ne cherchent pas Dieu et qui sont les plus malheureux.

Les *Pensées* s'adressent en réalité aux hommes entrant dans cette dernière catégorie. Il s'agit **des libertins, des païens et des hérétiques qui ont cherché Dieu mais ne l'ont pas trouvé et ont fini par s'en détourner**. L'apologie est le discours d'un homme habité par la foi s'adressant à un libertin qui aurait perdu Dieu de vue et ne le sentirait même plus dans son cœur.

Le plan de Port-Royal

Mais comment s'y prendre pour susciter la conversion dans le cœur des païens ? Pascal élabore une méthode pour mener à bien son objectif. Grâce aux notes préparatoires à la conférence de Port-Royal (1658), **nous connaissons désormais ses intentions au sujet de la structure qu'il souhaitait attribuer à ses écrits** (cf. Les *Pensées*, § 139).

Les *Pensées* commencent par **s'interroger sur l'être, l'origine et le devenir de l'homme**. Aussitôt Pascal soutient que les philosophes sont impuissants à répondre à ces questions : « Ils ne savent ni quel est votre véritable bien ni quel est votre véritable état. » (§ 139) **Pour expliquer la condition de l'homme, mieux vaut alors s'en remettre à la religion** : « Ne sachant de nous-mêmes qui nous sommes, nous ne pouvons l'apprendre que de Dieu. » (§ 139)

Mais à quelle religion se vouer ? D'après Pascal, seul le peuple juif rend raison de la condition humaine en expliquant **la création et la chute** de l'homme. L'Ancien Testament soutient en effet que l'homme n'est plus dans l'état où il a été créé par Dieu. **Sa nature a été corrompue par le péché originel** :

> Mais vous n'êtes plus maintenant dans l'état où je vous ai formés. J'ai créé l'homme sain, innocent, parfait ; je l'ai rempli de lumière et d'intelligence. [...] Mais il n'a pu soutenir tant de gloire sans tomber dans la présomption. Il a voulu se rendre centre de lui-même et indépendant de mon secours. Il s'est soustrait de ma domination et, s'égalant à moi par le désir de trouver sa félicité en lui-même, je l'ai abandonné à lui. (§ 139)

Depuis cet épisode, l'homme s'est détourné de Dieu et est resté centré sur lui-même. Il pense pouvoir égaler son créateur et détenir en lui-même le principe du bonheur : « C'est en vain, ô hommes, que vous cherchez en vous-mêmes le remède à vos misères. » (§ 139) En cela, l'Ancien Testament montre que **les hommes se trompent et vivent dans le malheur. Jésus-Christ joue alors un rôle déterminant puisque c'est lui qui va les sauver de leur condition misérable**.

La section des papiers classés par Pascal suit cet ordre de présentation. Dans un premier temps, il faut montrer que l'homme est misérable et incompréhensible depuis qu'il s'est détourné de Dieu. Il s'agit ensuite de l'amener à se convertir à la vraie religion, qui lui apportera la vérité et le bonheur. On remarque ainsi que **les *Pensées* ont claire-**

ment une finalité morale puisqu'elles veulent aider les hommes à chercher Dieu, seul garant de leur vrai bien. Les réflexions de Pascal s'articulent ainsi en deux temps :

- une **anthropologie** rendant compte de la condition humaine et de sa misère ;
- une recherche de la **vraie religion**, seule capable d'assurer le bonheur des hommes.

EXPLICATION ET ANALYSE DU TEXTE

LE POINT DE DÉPART DES *PENSÉES*

L'apologie doit tout d'abord partir des passions des hommes hostiles à la religion : « Les hommes ont mépris pour la Religion. Ils en ont haine et peur qu'elle soit vraie. » (§ 10) L'enjeu consiste à **lever les obstacles à la croyance que sont le mépris, la haine et la peur** :

- Les libertins auxquels s'adressent les *Pensées* méprisent la religion chrétienne, manifestant de l'indifférence à son égard.
- Certains la haïssent également car ils estiment que la religion est contraignante, puisqu'elle exhorte les hommes à se soumettre à des préceptes moraux et à suivre une conduite de vie.
- Enfin, certains ont peur de la religion. Les hérétiques, par exemple, craignent que la religion chrétienne soit malgré tout vraie, et qu'en n'obéissant pas à ses préceptes, ils soient damnés.

L'apologie s'efforce alors d'inspirer des sentiments contraires. Pascal s'évertue à montrer que **la religion est digne de respect, d'amour et de confiance** :

- En premier lieu, la religion est **vénérable** car elle n'est pas absurde, elle s'adresse à l'esprit humain et demeure ainsi **compatible avec la raison**. La religion satisfait à l'exigence de vérité présente en chaque homme et apparait comme la seule à pouvoir rendre compte de sa nature incompréhensible. La religion est donc « vénérable parce qu'elle a bien connu l'homme » (§ 10).

- La religion est aussi **aimable** car elle s'adresse au cœur des hommes et leur « promet le vrai bien » (§ 10). Elle **assure la félicité** aux justes et aux bons. Le vrai bien est accessible à tous ceux qui suivent les préceptes énoncés par la religion.

- En expliquant la vraie nature de l'homme et en lui garantissant le vrai bien, la religion se rend digne de confiance. **Elle est la seule à pouvoir assouvir ces deux principes que sont la vérité et le bonheur**. Elle répond aux aspirations gnoséologiques (relatives aux fondements de la connaissance) des hommes en leur apportant la véritable connaissance de leur nature. Elle leur livre également une éthique en leur prescrivant des remèdes à leurs passions et en leur inculquant des devoirs.

LA CONDITION HUMAINE

Misère et grandeur de l'homme

Détaché de Dieu, l'homme est misérable, inquiet et vaniteux, il ignore tout de son origine, de son être et de sa destinée :

> Quelle chimère est-ce donc que l'homme ? Quelle nouveauté, quel monstre, quel chaos, quel sujet de contradictions, quel prodige ? Juge de toutes choses, imbécile ver de terre, dépositaire du vrai, cloaque d'incertitude et d'erreur, gloire et rebut de l'univers. Qui démêlera cet embrouillement ? (§ 122)

C'est Dieu qui révèle à l'homme sa véritable nature. La religion nous apprend en effet qu'**elle est double** :

- la **grandeur** désigne l'état de l'homme à la création. Cette nature première est certes déchue depuis le péché originel, mais il en reste encore des traces en chaque homme ;
- la **misère** est la nature corrompue de l'homme. Cette bassesse renvoie au malheur de l'homme, qui s'est détourné de Dieu.

Misère et grandeur forment un couple dynamique puisqu'elles proviennent l'une de l'autre. La misère est une seconde nature corrompue qui vient remplacer la première. Et Pascal veut également montrer qu'en prenant conscience de sa misère, l'homme peut retrouver sa grandeur : « La grandeur de l'homme est grande en ce qu'il se connaît misérable. » (§ 105) Il s'opère ainsi un renversement entre ces deux opposés.

Mais à cause de cette double nature, **l'homme reste en proie aux contrariétés**. Perdu entre l'infiniment grand et l'infiniment petit, il est comme « un milieu entre rien et tout » (§ 185). Limité et mortel, il n'acquiert sa noblesse que grâce à la pensée : « L'homme n'est qu'un roseau, le plus faible de la nature, mais c'est un roseau pensant. » (§ 186) Ainsi, **l'esprit seul est capable d'élever l'homme** et de le détourner de la concupiscence : « Toute notre dignité consiste donc en la pensée. [...] Travaillons donc à bien penser : voici le principe de la morale. » (§ 186)

Vanité du moi

Depuis qu'il a corrompu sa vraie nature, l'homme tente désespérément de combler le vide qui l'habite en adoptant diverses coutumes : « La vraie nature étant perdue, tout devient sa nature. » (§ 376) Pascal remarque alors qu'**il n'y a pas de « moi substantiel »** :

- on ne rencontre en chaque homme qu'un amas de qualités d'emprunt et de caractères périssables (cf. § 582). Le moi n'est ni dans les qualités physiques, ni dans les qualités morales ou intellectuelles, ni dans les qualités sociales ou les titres. **Le moi est proprement introuvable** ;
- l'homme a remplacé l'amour de Dieu par l'amour de soi et par des biens extérieurs. Au lieu d'être tourné vers son créateur, il est désormais centré sur son égo. **Le moi se rend alors « injuste » et « haïssable »** (§ 509) car, poussé par sa vanité, il veut devenir le centre de tout. Or cette place privilégiée ne revient qu'à Dieu. Le moi est un usurpateur.

La vanité a succédé à la grandeur, les passions ont pris le pas sur la raison, et le cœur de l'homme se trouve « creux et plein d'ordure » (§ 129). L'homme va d'objet en objet en espérant par là combler le vide qui l'habite, alors que rien ne peut légitimement tenir la place de Dieu. Rongé par **la vanité et l'ennui de sa condition**, il apparait comme une créature orgueilleuse, futile et inconsistante.

L'imagination

La vanité portée à son paroxysme va de pair avec le triomphe de l'imagination. Tantôt vraie, tantôt fausse, l'imagination est « fourbe » (§ 41) et **crée de nombreuses confusions dans l'ordre de la connaissance**. Elle est une « maîtresse d'erreur et de fausseté » (§ 41) qui domine la raison, perturbe nos perceptions et contamine toute puissance cognitive. En effet, l'homme est incapable de bien juger à cause d'elle. Il ne trouve plus de juste milieu ou de point fixe pouvant servir de critère à ses jugements : « L'imagination grossit les petits objets [...], et par une insolence téméraire elle amoindrit les grands. » (§ 475) Par là, l'homme est condamné à se tromper dans l'appréciation de la valeur des choses.

Le pouvoir de l'imagination a également une **portée sociale et politique déterminante**. Grâce au jeu des apparences, l'imagination peut discréditer ce qui est vénérable, ou faire acquérir une respectabilité à ce qui n'en a pas. La « grimace » et le « costume » (§ 41) permettent ainsi à certains hommes de dissimuler la vacuité de leurs compétences sous un voile d'apparats. Pascal soupçonne médecins, avocats ou rois d'utiliser toutes sortes d'habits et d'instruments extraordinaires pour s'attirer le respect. **Leur déguisement fait alors forte impression sur autrui et légitime leur position sociale** : « La coutume de voir les rois accompagnés de gardes, de tambours, d'officiers et de toutes les choses qui ploient la machine [mécanisme psychophysiologique] vers le respect et la terreur. » (§ 23)

L'imagination peut donc jouer avec le vrai et le faux, décider de la valeur des choses, déterminer ce qui est beau, vénérable et juste : **elle « dispose de tout » en tant que « reine du monde »** (§ 41).

Politique et morale

Tout comme ils ignorent leur vrai bien, les hommes sont incapables de produire une véritable définition du juste. Dans les sociétés humaines, Pascal remarque en effet que **c'est le fort qui passe pour juste**. Étant donné que la justice n'a aucune force intrinsèque, c'est la force qui s'institue d'elle-même et se fait passer pour juste : « Ne pouvant faire qu'il soit obligé d'obéir à la justice, on a fait qu'il soit juste d'obéir à la force. » (§ 76)

Puis, une fois que les règles de la tyrannie ont été reçues et perpétuées aveuglément par les hommes, elles deviennent coutume. Dès lors, si le vrai droit est perdu et que l'homme n'est pas capable de trouver le juste, il se conforme aux mœurs de son pays. La coutume légitime après coup ce que la force avait instauré arbitrairement, et sert de fondement au droit. **La justice est donc confondue avec la force et la coutume ; dès lors, toutes les lois et institutions créées par les hommes sont relatives**.

Pourtant, Pascal remarque que les hommes ont réussi à instaurer des sociétés qui fonctionnent plutôt bien. C'est ce qu'il appelle **les raisons des effets** : « Les raisons des effets marquent la grandeur de l'homme, d'avoir tiré de la concupiscence un si bel ordre. » (§ 97) Malgré leur misère, les hommes ont produit un ordre moral et politique digne quoiqu'imparfait. Bien que les règles établies ne soient pas idéales, chacun s'y soumet car il les croit justes. Le philosophe, quant à lui, a conscience du caractère relatif des lois mais ne le dénonce pas. La véritable sagesse consiste à cacher l'usurpation des lois afin de préserver la stabilité et la paix, qui est le véritable « souverain bien » (§ 76).

Le divertissement

Même si les hommes se rendent parfois capables de grandeur, ils demeurent la plupart du temps dans un état de chagrin et d'ennui. Alors, pour ne pas songer à leur misère et à leur malheur, ils s'efforcent de s'occuper par le travail et de se divertir par le jeu et bien d'autres activités. Ainsi, **les hommes se consacrent à de nombreux divertissements afin de se duper sur leur condition et de se donner l'illusion d'être heureux**.

Pourtant, **si le divertissement passe pour un remède à la condition humaine, il est en réalité la pire forme de la misère** : « La seule chose qui nous console de nos misères est le divertissement. Et cependant, c'est la plus grande de nos misères. » (§ 393) En effet, le divertissement empêche l'homme d'exercer sa pensée, qui est justement le **principe de sa grandeur** : « Les hommes n'ayant pu guérir la mort, la misère, l'ignorance, ils se sont avisés, pour se rendre heureux, de n'y point penser. » (§ 124) Finalement, le divertissement ne sauve en rien l'homme de sa triste condition.

Le pari

Seule la véritable religion peut garantir le bonheur de l'homme. Et **pour amener le libertin à se convertir, Pascal utilise l'argument du « pari »** : il veut inciter les libertins à aller vers Dieu en leur montrant ce qu'il y a de rationnel à parier pour son existence.

Le pari de Pascal repose tout d'abord sur une **double incer-**

titude : on ne peut déterminer par la raison ni l'existence de Dieu, ni la question de sa nature. L'homme, en tant que créature étendue et limitée, ne peut connaitre un Être infini : « S'il y a un Dieu, il est infiniment incompréhensible, puisque, n'ayant ni parties ni bornes, il n'a nul rapport à nous. » (§ 397) Or **c'est justement parce qu'on ne peut prouver l'existence de Dieu que l'on doit avoir recours au pari** et se déterminer face à l'incertitude.

Pour Pascal, la raison ne peut trancher face à cette incertitude, mais elle doit pourtant le faire. Le pari du libertin est forcé : « [...] le juste est de ne point parier. Oui, mais il faut parier. Cela n'est pas volontaire, vous êtes embarqué. » (§ 397) Pascal a alors recours à un **calcul d'intérêt** pour établir le bienfondé du pari. **Il se sert ainsi de la concupiscence des hommes pour les amener à parier pour Dieu**. Pascal soutient en effet que l'on n'a rien à perdre et tout à gagner en s'engageant à parier. Notre mise, à savoir notre vie terrestre actuelle, sera toujours gardée, et l'enjeu est l'accès au souverain bien et à « une infinité de vie infiniment heureuse » (§ 397). **Le rapport entre le gain et la mise est donc avantageux pour le parieur** : il est rationnel de parier si l'on est sûr de ne rien perdre et que l'on a en outre la possibilité de gagner une vie éternelle.

Le pari comporte néanmoins des limites. Il peut certes convaincre la raison par une démonstration, mais ne peut en aucun cas vaincre les résistances propres aux passions. **Le pari est impuissant à donner la foi véritable et nécessite un « discours sur la machine »**, c'est-à-dire un discours visant à diminuer les passions entravant la foi chez le libertin et le sceptique :

Apprenez au moins que votre impuissance à croire vient de vos passions, puisque la raison vous y porte et que néanmoins vous ne le pouvez. Travaillez donc non pas à vous convaincre par l'argumentation des preuves de Dieu, mais par la diminution de vos passions. (§ 397)

Diminuer les passions des libertins revient à plier leur volonté en les poussant à imiter et à suivre les habitudes des fidèles. Seule l'Écriture peut rendre les libertins et les sceptiques sensibles à Dieu et leur donner un véritable accès à la foi.

LA VRAIE RELIGION

Pascal reconnait que l'argument du pari et les preuves de l'existence de Dieu peuvent s'accompagner d'une « impuissance à croire » (§ 397). C'est pourquoi il est question de recourir à une certaine exhortation, et non plus à la rhétorique, pour éveiller la foi chez le sceptique. En effet, selon lui, **la foi fait appel au cœur et non pas à la raison** : « C'est le cœur qui sent Dieu et non la raison. Voilà ce que c'est que la foi. [...] Le cœur a ses raisons que la raison ne connaît point. » (§ 397) **La raison doit ainsi reconnaitre ses limites dans certains domaines, dont celui de la religion**. Ses pouvoirs s'arrêtent au seuil de la croyance et la raison est amenée à se désavouer concernant les questions théologiques : « Il n'y a rien de si conforme à la raison que ce désaveu de la raison. » (§ 171) Ainsi, la foi n'est pas « contre » la raison mais se situe « au-dessus » d'elle (§ 174), c'est pourquoi **la raison doit s'y soumettre**.

Tandis que la raison est lente à convaincre, le sentiment, au contraire, agit en un instant. Pascal nous recommande donc de « mettre notre foi dans le sentiment, autrement elle sera toujours vacillante. » (§ 671) Il faut également avoir recours à **la coutume**, qui « incline l'automate » (c'est-à-dire le corps) et « entraine l'esprit sans qu'il y pense » (§ 671). **Concernant la foi, la persuasion se fait donc bien plus efficace que la simple démonstration.**

Le Dieu que Pascal nous exhorte à chercher est **le Dieu caché de l'Écriture**. Dieu s'est voulu caché pour nous faire sentir notre corruption, et se dévoile à ceux qui se donnent la peine de le chercher et méritent par là d'être touchés par la grâce et la révélation. Ainsi, Dieu peut être découvert à travers **le déchiffrement des signes présents dans l'Écriture**. En effet, la parole de Dieu est figurative et appelle donc un décryptage. Elle ne doit pas être prise dans un sens littéral et demande à ce que les contradictions apparentes que l'on y trouve soient accordées. Pascal livre d'ailleurs **une règle pour comprendre le sens de la parole divine** : tout commandement qui n'a pas pour objet l'amour et la charité est figuratif (§ 250).

Enfin, le christianisme est la vraie religion car l'Ancien Testament a annoncé la venue d'un messie. Pendant près de quatre-mille ans (§ 313), le peuple juif a porté des témoignages prédisant l'arrivée du Christ. La prophétie prouve donc la véracité du Nouveau Testament qui présente à son tour **Jésus-Christ** comme **le rédempteur de l'humanité**. Jésus est l'unique « médiateur » (§ 178) entre les hommes et Dieu. Sa nature double résorbe l'incommensurabilité

entre eux. **Jésus est le nœud des contrariétés et rend la
connaissance de Dieu par l'homme possible.**

Pour aimer Dieu, l'homme doit se défaire de la concupiscence et retrouver un cœur pur, condition nécessaire pour
pouvoir être touché par la grâce. Ainsi, les preuves ration-
nelles et morales demeurent toujours trop limitées pour
convertir les hommes de façon définitive. Pascal reprend
alors à son compte les paroles de saint Augustin (docteur de
l'Église latine, 354-430) : si seule la foi véritable peut lever le
doute sur l'existence de Dieu, il nous faut encore « travailler
pour l'incertain » (§ 397).

CONCLUSION

Si les *Pensées* ne sont que les brouillons d'une œuvre très largement inachevée et que leur ordre de composition fait toujours débat, il n'en est pas moins certain que l'apologie de Pascal tend à un but bien précis : **amener les hommes à se convertir et à retrouver leur grandeur perdue**. En effet, l'Écriture seule nous apprend que **le péché originel est la clé de compréhension de la misère humaine**. Détourné de Dieu, l'homme est condamné à la vanité, à l'ennui et à la misère. Le divertissement et la recherche des biens extérieurs n'y font rien : le cœur de l'homme restera vide tant qu'il n'aura pas retrouvé son véritable objet, Dieu.

La conversion se fait par le recours au pari mais surtout par le discours sur la machine, c'est-à-dire par **la persuasion et la coutume qui incitent à la fois nos passions et notre esprit à croire**. La véritable conversion ne peut se faire que par un geste de Dieu. Pour ce faire, l'homme doit épurer son cœur, se dégager de la concupiscence et des passions contraires à la foi. **La grâce divine ne peut toucher qu'un cœur pur**.

POUR ALLER PLUS LOIN

- KAPLAN (Francis), *Les Pensées de Pascal*, Paris, Ellipses, 1998.
- MAGNARD (Pierre), *Le vocabulaire de Pascal*, Paris, Ellipses, 2001.
- PASCAL (Blaise), *Pensées*, édition de Michel Le Guern, Paris, Gallimard, 2004.

Rendez-vous sur lepetitphilosophe.fr et découvrez :

Plus de 1200 analyses
Claires et synthétiques
Téléchargeables en 30 secondes
À imprimer chez soi

L'éditeur veille à la fiabilité des informations publiées, lesquelles ne pourraient toutefois engager sa responsabilité.

www.lepetitphilosophe.fr

ISBN version numérique : 978-2-8062-4583-0
ISBN version papier : 978-2-8062-4623-3
Dépôt légal : D/2017/12603/567

Conception numérique : Primento,
le partenaire numérique des éditeurs.

www.ingramcontent.com/pod-product-compliance
Lightning Source LLC
LaVergne TN
LVHW010035090726
842977LV00042B/1381